CŒUR

JOSHUA FERRARI

ISBN : 978-2-9578019-0-9

Dépôt légal : mai 2021

TABLE DES MATIÈRES

A Toi, Ô Mon Cœur !

CUMULUS

Ses pieds flottent dans les vers
Son amour pour sa terre n'est que l'expansion de son cœur
Entre plexus solaire et spiritualité de ses pères
Au-delà du corps, affrontant ses peurs.

Ses doigts effleurent l'air
Sa contemplation n'a d'égal que son regard
Entre firmament et lumière lunaire
Au-delà du corps, attendant son égard.

Ses yeux caressent le sablier
Son voyage est une impression de déjà-vu
Entre espoir et roses du plaidoyer
Au-delà du corps, au-delà de l'âme et du paru.

Ses oreilles fondent le mouvement
Sa démarche est le reflet de son charisme intérieur
Entre lubies et stabilité du commencement
Au-delà du corps, au-delà de l'âme et du penseur.

Ses papilles subjuguent la raison
Son impression nourrit son émoi
Entre rigidité et illusions
Au-delà du corps, au-delà de l'âme et du soi.

Ses narines embrassent la globalité
Sa terre commence où son ciel termine
Son feu commence où son eau termine.
Entre vents et marées, entre fins et débuts
Entre air et vers, sablier, mouvement et
crucifères.

Le vent souffle, il pourvoit
La vie dans ses moindres trépas.

AUBE

A travers ses rideaux de lin blanc
Il voit le crépuscule naissant.
Le chant du rossignol chatouille ses orteils
Et le brouhaha de la ville titille ses prunelles.
Il est dans l'instant
Il vit le moment.
Serait-ce cela la vie du poète ?
La vie s'imprégnant de lumière
Allégorie qui l'éblouit
Allégorie qui l'illumine.

La musique nourrit l'esprit
L'esprit du poète, du frère et du père.
Elle développe l'imaginaire
Elle développe la pensée et sait faire taire.
Entre trois rondes et deux noires
Elle avance telle une perche au sautoir.
Avec ses combinaisons, ses arrangements
Ses bas résilles et ses lignes de temps
Elle structure les savants
Et déstabilise les puissants
Pour faire naître au sein de ses mélodies
De nombreuses et de merveilleuses utopies.

Du fond de sa caverne, du fond de son abîme
Il a entendu une lumière douce
Et a vu une musique rousse.
Elle a ébloui ses écoutilles
Et a fait vibrer ses iris.

A la frontière entre musique et lumière
Il ne faisait plus distinction entre
Reconnaître et s'en remettre.
Alors il a été pris d'insomnies
De tracasseries il a été surpris
L'avant-veille de sa renaissance
La veille de sa naissance.
Renaissance qui mène vers de nouvelles contrées
Naissance qui fait découvrir de nouvelles vallées.
Ce sentier sera semé de doutes
Ce sentier sera semé d'embûches
Sans êtres peut-être
Sans pères, sans maîtres
Mais sous le bruit des sabots du cheval au galop
Le sol vibrera encore et en cor
Il se scindera gracieusement en halo
Et fera éclore quelque chose de nouveau.

La lumière de la vie
A travers le décor de l'envie.

CEUX

Tristesse et beauté
De la vie, de son cycle
La couleur est passée
Du vert-gris à la splendeur du lys
De la matière à la galère
De la sirène à l'oxygène.
Illusion d'un tout
Illusion d'un soi
Des lunettes cirées
Aux chaussures teintées
Le grain n'est plus.
Il vacille de ci, de là
S'éparpille et s'évanouit
Tels les pétales de la rose
Transportées jusqu'aux confins de la prose.

Il est parti d'un bonsoir
Loin de toutes, loin de tous
Le cœur rempli d'espoir
Afin de ne pas finir sur la touche.

Il est parti d'une feuille blanche
Elle était belle, elle était franche
Encore plus saine qu'une belle revanche.
Elle le rendait humain
Et sans aucun détour, fin.

Car haine n'est que dixième
Et chaîne centième
Car haleine n'est que peine
Et migraine aubaine
Il se devait d'aimer
De gouverner ses ailes.

Il se devait de resplendir
Pour achever tel
L'oiseau raffermi
Son premier vol de nuit.

CELLE

Elle avait chaud
Elle avait froid
Elle était immense
Elle était dense.

Elle est partie à l'aube du jour
A la rencontre de son univers.
Le chemin est long
Le temps est froid
Les quelques arcs en ciel qui déchirent le ciel
Prennent soin de réchauffer son âme.
C'est le moment de s'ouvrir
Comme la fleur du printemps
De sentir la fin d'une saison
De l'embrasser en union.
Nos regards se sont alors croisés
Et telle une forte intensité
Notre alchimie a opéré.
La ressemblance était frappante
La graine a fait jaillir la plante
Nos chemins se sont entrecroisés
Et le temps s'est figé.

Elle avait chaud
Elle avait froid
Mais le gel de son noyau
A ébranlé sa foi.

CENDRES

La naissance précède la mort
Et la peur de perdre est un assassin
Il ôte la vie à qui a raison ou tort
Il se tient à la croisée de tous chemins.
Il est ce vieil homme sur le port
Qui oriente de son corps les marins
Il est ce valeureux quatuor
Qui divise et rassemble les gradins.

Ses fruits ne sont pas pareils
Certains sont d'or et de pierre
Certains sont de saphir et de terre.
Ils scintillent et provoquent l'irréel
De ses yeux, de ses larmes sans pareil.

Du fond du verre il observe le soleil
Du précipice il façonne le ciel
Et telle une loi naturelle
Et tel l'effet boule de neige
Il ébranle la connaissance
Il fait naître la science.

Alors d'amour le corbeau s'est pris
De cette chose, de cette geôle amoindrie.
Il a vogué d'étoiles en étoiles

Atteignant la limite de sa toile
Il a retracé ses principes
Il a disséqué ses concepts
Il a cherché l'âme de sa mère sans bruit
Il a trouvé le corps de son père sans vie.

La bougie étouffée
A fait naître son monde
Les racines du passé et les quelques ombrées
Ont creusé sa tombe
Ont déclenché des histoires en surnombre.
L'île de beauté
S'est transformée
En une laideur de carnassiers.
Elle faisait de lui son mari
Elle faisait du choix son arbitre.

Il s'est donc enfui au fil de l'épée
Courant à la recherche de son premier amour.
Celui qui pour lui a toujours été
Celui qui brille en plein jour
Celui dont son cœur s'est remémoré
Celui qui jamais ne lui a fait de beaux
discours.

Liberté ! Liberté !
Enlace-le, embrase-le
Retrouve-le, anéantis-le.
Rends le fou de toi
Reflète ta lumière sur son état.

Il a si froid dans son antre
Il a si faim sur son trône.
Réapprends-lui la droiture
Réapprends-lui la noblesse
Refonde sa créature
Brise ses hypothèses.

Nombreuses naissances entraînent nombreuses morts
Et nombreux flocons composent neige au balcon.
Elle t'a cherché sans te trouver au Nord
Il t'a cherché sans te trouver dans ses bas-fonds.
Le vol de la blanche colombe ne sera que sonore
La force de la locomotive ne sera que wagon.

Et leurs épousailles ne seront qu'abandons.

CŒUR

De mémoire
Je n'avais vu ciel aussi bleu
De mémoire
Je n'avais pu être aussi peu
De tous mes déboires
De tous mes sons creux.

Mon ange m'accompagne
Il est le gardien de mes confidences
Et de tout doute je gagne
Une extrême et saine confiance.
De tous mes déboires
De tous mes sons creux
De toutes mes histoires
De tout ce que je veux.

Sauter est simple
Tomber est vrai.
Là où mourir rime avec vivre
Et où mort n'est autre que vie
Je lui ai promis que je serai toujours là
Je lui ai fait la promesse que jamais plus le
soleil ne se couchera.
Que peu importe la longueur de la ligne
Le poisson mordra par finir.
Que peu importe la fréquence du signe
L'interprète comprendra par finir.

Le temps est un allié
Un compagnon, un ami.
Il est la forteresse du faible emprisonné
La couronne de l'esclave affaibli.
Il permet de jauger l'oiseau qui s'embellit.

De transformer le baveux en gracieux
Le toi roi émetteur en moi prince récepteur.

AMOUR

Elles apparurent à l'aube de sa journée
Elles étaient d'une intense beauté
Beauté orbitale
Beauté fractale.
Beauté enchantée
Beauté emmêlée.

Leur première rencontre fut mouvementée
Désagréable comme le vinaigre sur une plaie avivée.
Il n'a pas compris et il s'est laissé emporter
Par la laideur et la facilité
Par le corps, la chair
Par l'encens et le baume du cimetière.

Épris de justice
Il s'est retrouvé face à la foule
Au sein d'une arène éruptive.
Face à l'huile, au miel
Face à lui-même.

Elles ont alors daigné lui accorder un regard
Elles l'ont caressé
Elles l'ont effleuré
Elles ont pris soin de nettoyer son âme.

Il a senti la chaleur de leurs corps
La douceur de leurs mains sur son oreille.
La définition des mots à cet instant l'abandonne
Et la connaissance se consume en silence.
Elle atteint ses limites
Et n'a autre essence que son mythe.

Comme la lumière pénètre l'obscurité
Leur amour a pénétré son cœur verrouillé
Et en deux l'a déchiré
Deux côtés, deux entités.
Il y a retiré le cirse des champs
Y a fait pousser l'arbre aux fruits sans nom.
De toute sa vie il n'avait mangé produit aussi succulent
De toute sa vie ses papilles ne connaîtront si bonne liaison.

Elles ont pris la peine de venir vers lui
De le caresser, de l'étourdir
De le faire frémir.
Elles ont ravivé l'étincelle du firmament
Elles ont dérouté la flamme de la passion.
Elles ont fait jaillir le feu du soleil
Ce feu brûle
Ce feu tient la férule
Il équilibre la terre et le ciel
Il équilibre le présent éternel.

Il a longtemps nié leur existence
Il a cru qu'elles n'étaient que chimères et potence.
Sève dans le cœur du moulin
Farine dans le principe du jardin.

Mais aujourd'hui
De toutes ses entrailles
Il crie :

« Jamais plus je ne vous lâcherai ! »
« Jamais plus je ne vous quitterai ! »
« Car je vous aime ! »

« Que mon maître et seigneur enlace mon serment ! »
« Qu'il bâtisse les fondations de cette déclaration ! »

« Je vous aime ! »
« Mon cœur déborde à votre égard ! »
« Mon cœur se meurt à votre mémoire ! »

« Je vous donne ma vie et tout ce qui fit
Ce que je suis d'hier jusqu'aujourd'hui. »

CUMULONIMBUS

Je suis l'être derrière le bois
Je suis le prince qui reçoit
Je suis l'être derrière le moi
Je suis la risée de celui qui aboie.

Je suis le discret
L'ombre de l'âme
Je suis la beauté du diamant
Extrait des profondeurs de la femme.

Je suis l'hymne de cœur
Issue verbale du lecteur
Je suis le beurre et l'argent du beurre
Le sculpteur de ces mots entraîneurs.
Et ce n'est que face à moi-même
Que le brasier brûle et consume
Que face à moi-même
Que je suis ivre de foi et d'amour.

Je fonds alors comme neige au soleil
Comme la fraîcheur de la rosée qui berce le sommeil
Comme l'oasis perdue au milieu du désert
Comme la beauté de l'arc en ciel littéraire.

Voilà ce que je suis
Face à moi-même
Face à Mon Suprême Poème.

Non pas enfin car la route était belle
Non pas enfin car le chemin n'est encore
qu'un neuvième.
Que dire, comment le dire ?
Que faire, comment le faire ?

Je suis celui auquel tu penses
La levure de la sagesse a fait monter le pain
de l'intelligence
Aux confins de cette finie confidence
Au milieu de cette infinie croyance.

Compter mes voies innombrables serait folie
Conter mes chemins innommables ne serait
que cacophonie.

Voilà ce que je suis
Face à moi-même
Face à Mon Suprême Poème.

www.ingramcontent.com/pod-product-compliance
Ingram Content Group UK Ltd.
Pitfield, Milton Keynes, MK11 3LW, UK
UKHW021126260726
13994UKWH00001B/9

9 782957 801909